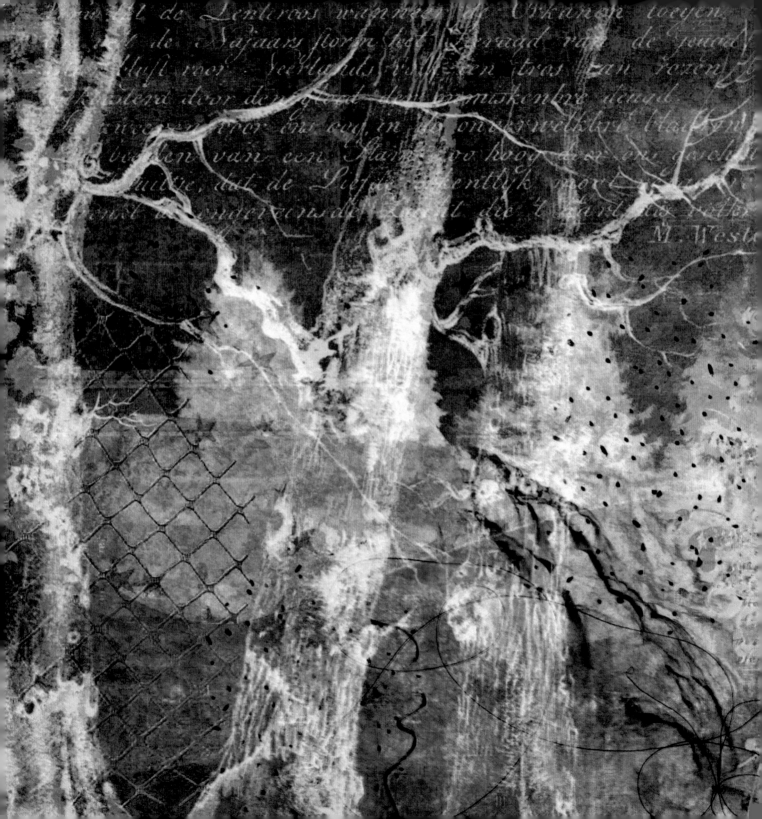

Lat. Equus.
Græc. Horros
Ger. Ros. pferdt.
Belg. peerdt.
Gal. geual.
Ital. Cauallo.
Ang. Horse.
Bos. kůn

Lat. Eguus.
Grœc. ιππος
Ger. Ros. pferdt.
Belg. peerdt.
Gal. cheual.
Ital. cauallo.
Ang. Horse.
Bog. kūn

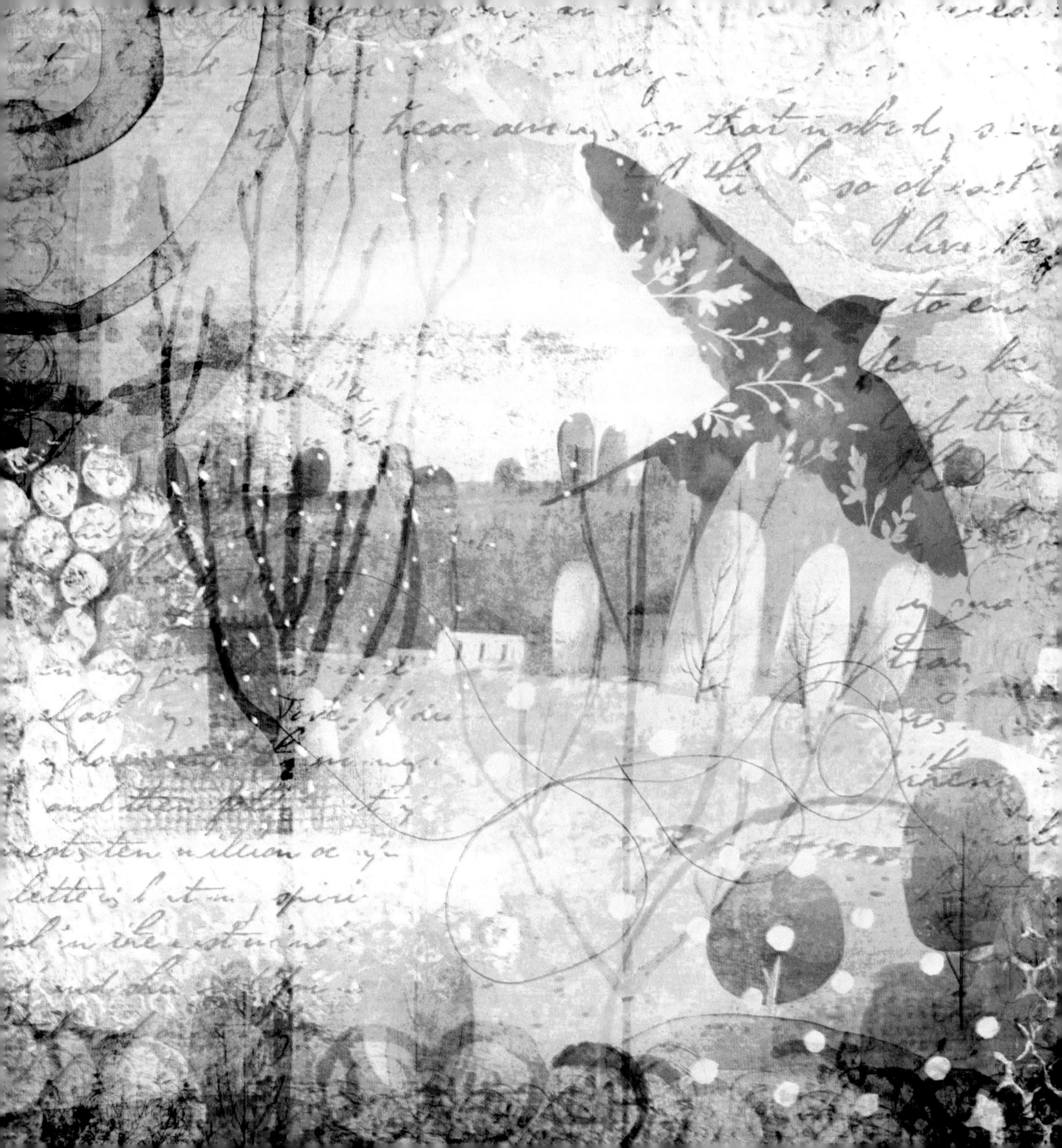

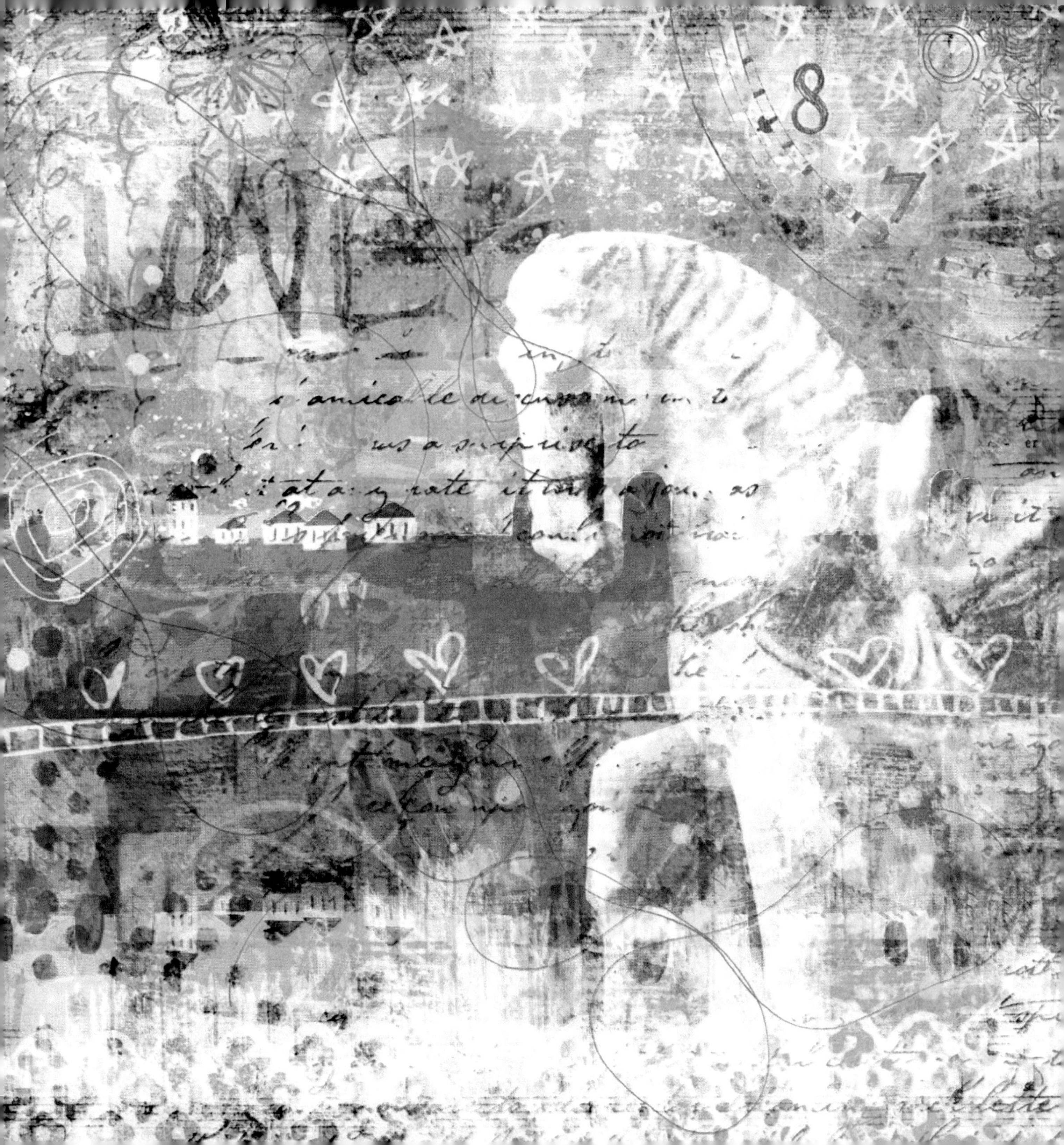
LOVE
8
7

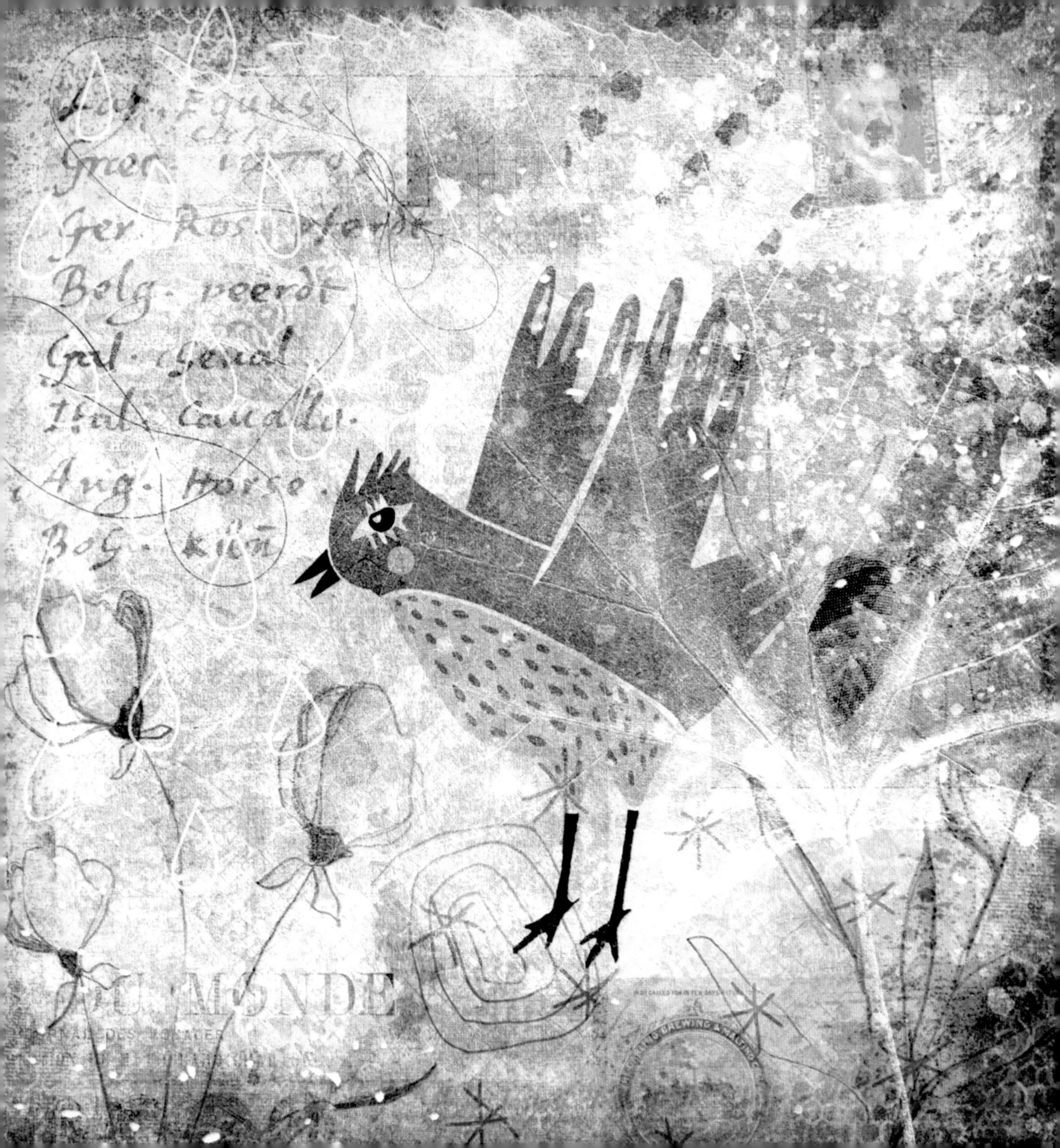
Belg. peerdt
Ang. Horse.
MONDE

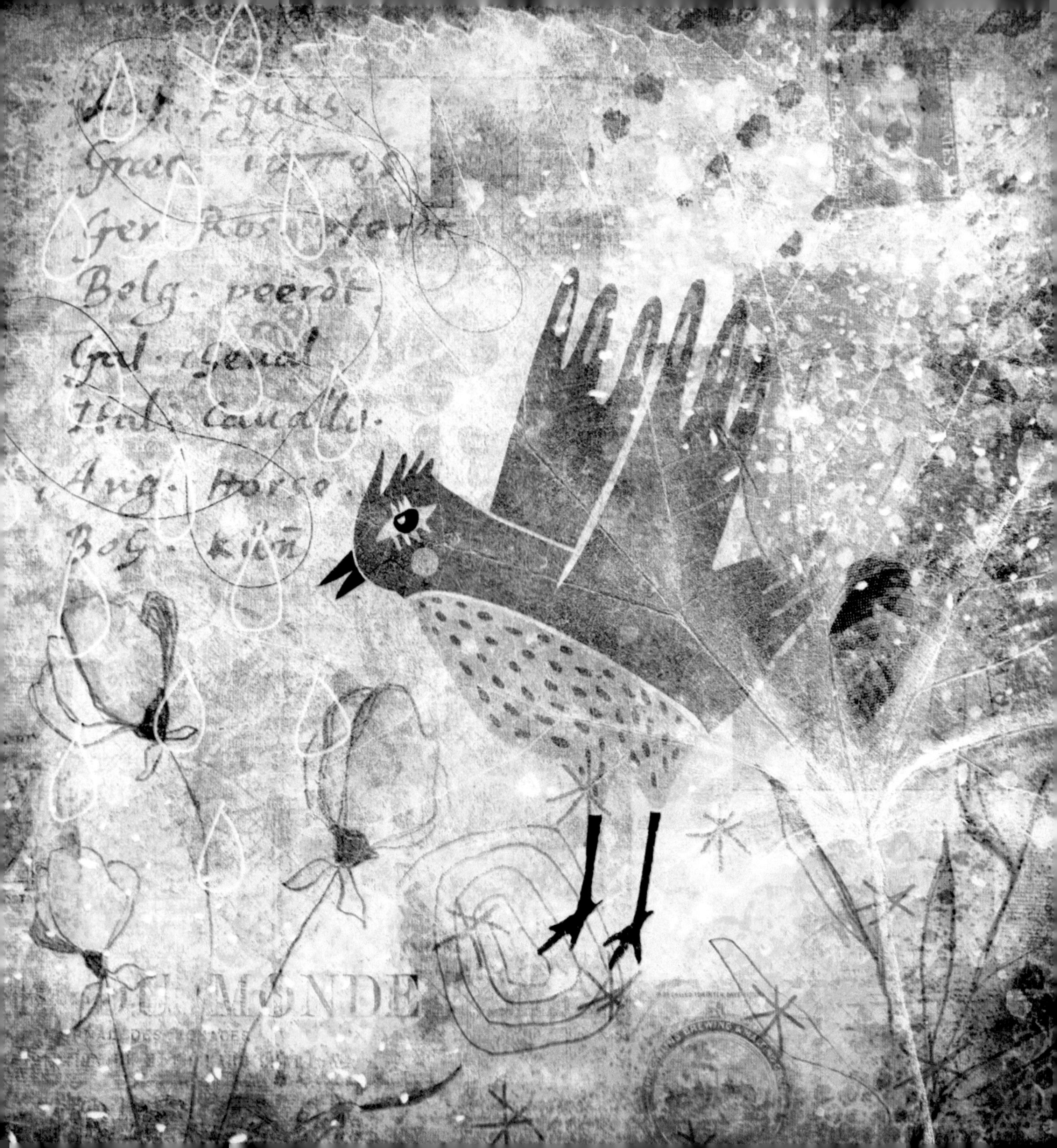
Equus
Belg. peerdt
DU MONDE

JOSEF MÁNES

KVĚTINY

DR. VLADIMIR NOVOTNÝ

ÚVOD

FRANTIŠKA HALASE

DR. S. PRAT

JOSEF MÁNES

KVĚTINY

DR. VLADIMÍR NOVOTNÝ

ÚVOD

FRANTIŠKA HALAS

DR S. PRAT

NEPTUNE

URANUS

SATURN

MERCURY

EARTH

VENUS

JUPITER

SATURN

wonder

beautiful moment

GROW

explore

FLOWERS

sunshine

LIFE

BLOOM
WHERE YOU'RE PLANTED

ll you need is love ...and flowers

wonder

beautiful moment

GROW

explore

FLOWERS

LIFE

sunshine

BLOOM

all you need is love ... and flowers

now & forever now & forever now & forever now & forever now & forever

now & forever now & forever now & forever now & forever now & forever now & forever now & forever

forever now & forever now & forever now & forever now & forever now & forever now & forever now &

PARIS

now & forever now & forever now & forever now & fo

forever now & forever now & forever now & forever now & forever now & forever now & forever now & fore

now & forever now & forever now & forever now & forever now & forever no

now & forever now & forever now & forever now & forever no

PARIS